なぜ？どうして？
浄土真宗の教学相談

赤井智顕
Tomoaki Akai

はじめに

親鸞聖人（一一七三～一二六三）が開かれた浄土真宗の教えに対して、日常生活のなかでいつの間にか抱かれるようになった疑問や、具体的に教えの内容を聞かれたり、学ばれたりするなかで抱かれるようになった疑問があるように思います。本書で取り上げた十二個の質問は、筆者がさまざまな場所で実際にたずねられたことのある質問であるとともに、筆者自身も浄土真宗の教えを聞き学ぶなかで、「なぜ？」「どうして？」と疑問に感じたことのあるものを集めています。

質問に対する回答には、できる限りお聖教の言葉を引用させていただきながら、浄土真宗の立場から各質問に対する受けとめ方をまとめました。限られた字数のなかで、一つひとつの質問に対して十分な説明ができておりませんが、本書がひとりでも多くの方のもとへ届き、浄土真宗の教えに触れていただく機縁となればうれしく思います。

なお本書は、浄土真宗本願寺派・兵庫教区教務所から年三回発行されています「教区新報」に、二〇一八年六月号から二〇二二年二月号までの十二回にわたって掲載された、「浄土真宗の教学相談」の原稿を一冊にまとめたものです。最後になりますが、本書への掲載をお許しくださった兵庫教区教務所の関係者のみなさま、そして本書の出版を快く引き受けてくださり、読みやすくするための編集の労をお取りくださった自照社の鹿苑誓史様に、深く御礼申し上げます。

二〇二二年八月

赤井智顕

なぜ？　どうして？
浄土真宗の教学相談

もくじ

【仏事（お勤め）篇】

教学（み教え）篇

1

浄土真宗はなぜ修行をしないのでしょうか？

仏教における「行《ぎょう》」とは、生死《しょうじ》の迷いを超えて、安らかなさとりを実現する徳をもった真実の行いをいいます。しかしそのような行いを、果たして私が実現できるかどうかが大きな問題です。もし私が自分の力に頼って、さとりの世界を目指さなければならないのであれば、この身心を研《と》ぎ澄まして一歩一歩、真理の領域へと近づいていかなければなりません。しかし、煩悩《ぼんのう》に惑《まど》わされて生きる凡夫《ぼんぶ》の現実はそうはいきません。

凡夫であることの悲しみは、いつも自己中心的な思いに支配され、愛と憎《にく》しみの感情に振り回されながら、善悪の行為を行なっていることです。ですからたとえ善《ぜん》行《ぎょう》を行なったとしても、それはさとりの実現には役立つことのない、煩悩のまじった「雑毒《ぞうどく》の善」であり、「虚仮《こけ》の行」であると、親鸞聖人《しんらんしょうにん》は厳しい言葉でいい切っていかれました。

＊　＊　＊

仏のさとりを実現するためには、当然、仏と成るための真実の功徳《くどく》がなければなりません。しかし本来、仏道《ぶつどう》を歩む者が行わねばならなかった功徳の完成を、阿弥《あみ》陀如来《だにょらい》がすでに為《な》し終えてくださっていると、『無量寿経《むりょうじゅきょう》』には告げられていました。それは仏道の修行を完遂する術《すべ》をもたず、絶望の淵《ふち》に立たされているような煩悩具足《ぼんのうぐそく》の凡夫にとって、身心に染《し》み入るような安心と、身心が震《ふる》えるような慶《よろこ》びを与えていく教説であったといわねばなりません。

真実功徳と申すは名号《みょうごう》なり。一実真如《いちじつしんにょ》の妙理《みょうり》、円満《えんまん》せるがゆゑに、大宝海《だいほうかい》にたとへたまふなり。

（『一念多念文意《いちねんたねんもんい》』、『浄土真宗聖典 註釈版』六九〇頁）

阿弥陀如来は迷いの世界に埋没《まいぼつ》する苦悩の衆生《しゅじょう》に、まことの功徳を恵み与えていくため、「南無阿弥陀仏」の本願《ほんがん》の名号を完成してくださいました。まさに自らの行いでは、仏のさとりへ到る手がかりさえつかむことのできない私のために、法《ほう》蔵菩薩《ぞうぼさつ》の五劫思惟《ごこうしゆい》のご思案と、兆載永劫《ちょうさいようごう》のご修行という果てしないご苦労があったのです。このご苦労の結果こそ、「南無（まかせよ）阿弥陀仏（われに）」と告げられている如来の救いの名告《なの》りでした。

確かに浄土真宗は私が行を修めて救われる教えではありません。それは「南無阿弥陀仏」の名号に込められた真実の功徳をたまわり、浄土の仏と成らせていただく教えだったからです。

＊　　＊　　＊

私たちが称《とな》えている「南無阿弥陀仏」のお念仏の一声一声は、阿弥陀如来がすでに為し終えられ、完成された真実の功徳そのものをいただいているすがたです。親鸞聖人は「浄土真宗に行がない」とおっしゃった方ではありません。反対に「いづれの行もおよびがたき身」（『歎異抄《たんにしょう》』）といわれる、いかなる修行も完成することのできない悲しむべきわが身に、「大行《だいぎょう》とはすなはち無礙光如来《むげこうにょらい》の名《みな》を称するなり」（『教行証文類《きょうぎょうしょうもんるい》』）といわれる、如来より与えられた「南無阿弥陀仏」という、いかなる自力の行にも超え勝《すぐ》れた、尊いお念仏の行をたまわっていることを、心からよろこばれたお方だったのです。

2

お釈迦さまがおられたのは分かりますが、阿弥陀さまは本当におられるのですか？

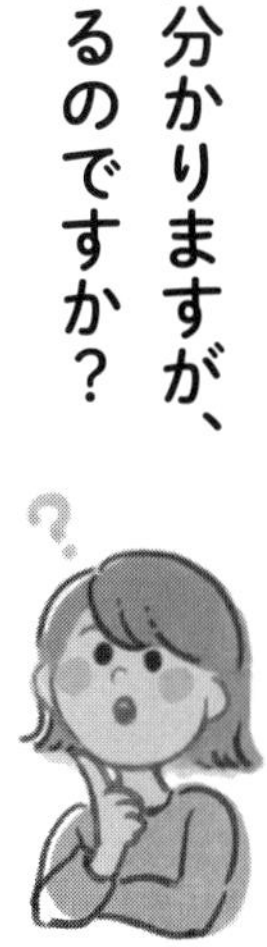

お釈迦《しゃか》さまはいまから二五〇〇年ほど前、実際にインドでご活躍されたお方です。ですからお釈迦さまがおられたというのはすぐにピンときますが、阿弥陀《あみだ》さまという仏さまは果たしてどのような仏さまなのでしょうか。

> この一如宝海《いちにょほうかい》よりかたちをあらはして、法蔵菩薩《ほうぞうぼさつ》となのりたまひて、無碍《むげ》のちかひをおこしたまふをたねとして、阿弥陀仏となりたまふがゆゑに、報身如来《ほうじんにょらい》と申すなり。《中略》方便《ほうべん》と申すは、かたちをあらはし、御《み》なをしめして、衆《しゅ》

生《じょう》にしらしめたまふを申すなり。

（『一念多念文意《いちねんたねんもんい》』、『浄土真宗聖典　註釈版』六九〇頁）

大変難しい言葉ですが、ここに「一如宝海よりかたちをあらはして」とあります。実は阿弥陀仏という仏さまは、「一如」といわれる形なき真実そのものの世界から、法蔵菩薩としてお出ましくださり、本願《ほんがん》をおこしてその願いを実現し、ご自身のみ名を示して救いを告げてくださる仏さまであると、親鸞聖人《しんらんしょうにん》はおっしゃるのです。

＊　＊　＊

阿弥陀仏は仏さまと成られる前、法蔵菩薩と名のられていた時に、苦しみや悲しみを抱《かか》えて生きる私たち衆生の姿をご覧くださり、必ず救いとげてまことの安らぎと、しあわせを恵み与えようという、大悲《だいひ》の誓願《せいがん》である本願をおこされました。そして本願を完成するために、途方もない修行を行い、ついにすべての者を救いとげていく力を完成され、阿弥陀仏という仏陀《ぶっだ》に成られたと『無量寿経《むりょうじゅきょう》』には説かれています。

この本願の救いが完成したことを、すべての衆生に告げ知らせる名告《なの》りが、「南無（まかせよ）阿弥陀仏（われに）」という名号《みょうごう》でした。それは形を超えた一如が、苦悩を抱える人々を救うために名号となって如来《にょらい》された、形となられた一如のすがたであったといえるでしょう。まさに阿弥陀さまは「南無阿弥陀仏」というご自身のみ名を通して、その存在を私たちに告げ知らせ、さとりの世界へと導いてくださっている仏さまだったのです。

＊　＊　＊

阿弥陀さまは、触る仏さまでも、見る仏さまでもありません。「南無阿弥陀仏」と聞かせていただき、この口に称《とな》えさせていただく仏さまです。「わが弥陀は名をもって物を接したまふ」（『教行証文類《きょうぎょうしょうもんるい》』）といわれるように、私たちは「南無阿弥陀仏」という名号を通して、間違いなくお救いくださる阿弥陀さまと、いまここで出遇《であ》っていくのです。ですからお念仏を称えながら阿弥陀さまを探す必要はありません。「南無阿弥陀仏」を仏さまそのものとして受けとめさせていただくところに、称えるお念仏の一声一声を通して、阿弥陀さまと出遇わせていただくことができます。

「尽十方無碍光如来《じんじっぽうむげこうみょうらい》」と申すはすなはち阿弥陀如来なり、この如来は光明《こうみょう》なり。「尽十方」といふは、「尽」はつくすといふ、ことごとくといふ、十方世界をつくしてことごとくみちたまへるなり。

（『尊号真像銘文《そんごうしんぞうめいもん》』、『浄土真宗聖典 註釈版』六五一頁）

阿弥陀さまはあらゆるところに満ち満ちていらっしゃる仏さまです。阿弥陀さまのいらっしゃらない場所などありません。「あなたを救う仏がここにおるぞ」、「あなたとともに生きている仏がここにおるぞ」と、いまこの私とともにいてくださる阿弥陀さまがご一緒の人生をよろこばれたお方が親鸞聖人だったのです。

3

浄土真宗は聞くことが大切だといわれますが、一体、何を聞くのですか？

本願寺第八代・蓮如上人《れんにょしょうにん》（一四一五～一四九九）が「仏法は聴聞《ちょうもん》にきはまる」（『蓮如上人御一代記聞書《れんにょしょうにんごいちだいききがき》』）とおっしゃっているように、浄土真宗は「聞く」ことを大切にしています。

しかるに『経《きょう》』に「聞《もん》」といふは、衆生《しゅじょう》、仏願《ぶつがん》の生起《しょうき》本末《ほんまつ》を聞きて疑心《ぎしん》あることなし、これを聞といふなり。

（『教行証文類《きょうぎょうしょうもんるい》』、『浄土真宗聖典　註釈版』二五一頁）

親鸞聖人《しんらんしょうにん》は「聞く」というのは、「仏願の生起本末」を疑いをまじえずに聞くことであると示されています。「仏願の生起」とは、法蔵菩薩《ほうぞうぼさつ》がなぜ本願《ほんがん》をおこさなければならなかったのか、という本願の救いのおこされた理由（生起）を意味しています。「本末」とは、本願がどのように願われ、どのような行《ぎょう》によって完成されていったのか、という因（本）と、その願と行が成就《じょうじゅ》して、願いの通りに十方の衆生を念仏の衆生へと導き、救うために現に活動されている「南無阿弥陀仏」のはたらき（果〔末〕）を意味していました。

＊　＊　＊

『無量寿経《むりょうじゅきょう》』によれば、はるか昔、法蔵と名のる菩薩がすべてのいのちを平等に救うことのできる道を求められたと説かれています。そして五劫《ごこう》という途方もない長い時間をかけたご思案を通して、「南無阿弥陀仏」の救いのみ名を与えて救うという、大悲《だいひ》の本願をたてられました。法蔵菩薩は本願を完成するために、兆載《ちょうさい》永劫《ようごう》の果てしない修行によって願いを実現され、ついに阿弥陀如来《あみだにょらい》という仏陀《ぶつだ》に成られたと説かれています。そして如来の徳のすべてを込めた「南無阿弥陀仏」の救いのみ名は、回向《えこう》という如来の施《ほどこ》しによって十方に響きわたり、私たちのもとへ届けられているといわれるのです。

『無量寿経』に説かれるこの本願の救いは、決して私と無関係なところでおこされたものではありませんでした。考えてみれば、薬があって病気ができたわけではなく、ライトがあって暗闇ができたわけでもありません。病《やまい》を治癒《ちゆ》していくために薬が仕上がり、闇を照らしていくためにライトが完成したのです。本願の救いも同じでした。苦悩の私が存在していたからこそ、大悲の本願がおこされたのです。これが「仏願の生起」の内容でした。そして、自身が抱《かか》えている底知れない煩悩《ぼんのう》を断ち切ることができず、自らの力では決して真理の領域へ近づくことのできない私を救うために、法蔵菩薩の五劫思惟《ごこうしゆい》のご思案と兆載永劫のご苦労があったのです。このご思案とご苦労の結果、「南無（まかせよ）阿弥陀仏（われに）」という救いを告げる名告《なの》りとなって、私のもとへ届いてくださっていることをあらわしていたのが、「本末」の内容でした。

＊　＊　＊

この「南無阿弥陀仏」のみ名に込められた、衆生救済のいわれを疑いなく聞かせていただくことを、親鸞聖人は「聞」といわれたのでした。浄土真宗はまさに私一人を救うために、如来がいのちをかけて完成してくださった「南無阿弥陀仏」のお心を、そのままに聞かせていただくことを大切にしている教えなのです。

4

「他力」の具体的な意味を教えてください。

一般に「他力」の語が用いられる時、「他力本願《たりきほんがん》」という言葉を用いて「他力本願でいくしかない」とか、「他力本願ではよくない」といった、消極的な意味合いで使われることが少なくありません。これは「他力」を「他人の力」という意味で把握して、「他人の力をあてにすること」と理解されていることに原因がありそうです。

浄土真宗では、親鸞聖人《しんらんしょうにん》が「他力といふは如来《にょらい》の本願力《ほんがんりき》なり」（『教行証文《きょうぎょうしょうもん》類《るい》』）とおっしゃっているように、「他力」を「他人の力」という意味で用いてはおりません。この「他力」の語を浄土教に導入して、教えの特色をあらわされたのは七高僧《しちこうそう》のお一人である曇鸞大師《どんらんだいし》（四七六〜五四二）でした。

＊　＊　＊

しかるに覈《まこと》に其《そ》の本《もと》を求むるに、阿弥陀如来《あみだにょらい》を増上縁《ぞうじょうえん》となす。他利《たり》と利他《りた》と、談ずるに左右《さう》あり。もし仏《ぶつ》よりしていはば、よろしく利他といふべし。衆生《しゅじょう》よりしていはば、よろしく他利といふべし。いままさに仏力《ぶつりき》を談ぜんとす。このゆゑに「利他」をもつてこれをいふ。《中略》これをもつて推《すい》するに、他力を増上縁となす。

（『往生論註《おうじょうろんちゅう》』、『浄土真宗聖典　七祖篇　註釈版』一五五頁）

少し難しい言葉ですが、大師は「他力」の語に「利他」と「他利」というあらわし方があるといわれています。まず「利他」は、「自利他《じりた》」（自が他を利す）という言葉の主語である「自」を略したもので、「自」である仏が「他」である私を利益《りやく》する、つまり「私が必ずあなたを救う」という阿弥陀仏の救済活動を、仏の側から表現した言葉です。一方、「他利」といった場合は「他が利す」となり、「他」である仏が「自」である私を利益してくださる状況をあらわす言葉となります。したがって「他利」といった時は、「あなたの本願力が私をお救いくださる」と、衆生側の領解《りょうげ》を述べていることになります。

しかし救いのはたらきをあらわす場合、中心はやはり仏の側にあります。そのことを大師は「いままさに仏力を談ぜんとす。このゆゑに『利他』をもつてこれをいふ」とおっしゃったのでした。この曇鸞大師のお心を大切にされた親鸞聖人は、「利他円満《りたえんまん》の大行《だいぎょう》」・「利他深広《りたじんこう》の信心」（『浄土文類聚鈔《じょうどもんるいじゅしょう》』）といわれ、「他力」を阿弥陀仏の「利他の力」として受けとめていかれたのです。

＊　＊　＊

「力」とは何かを動かし、変化させていくものですが、「他力」といった場合も同じです。それは本願に願われた通りに、すべてのいのちにはたらきかけて、『無量《むりょう》寿経《じゅきょう》』に説かれた本願を信じさせ、「南無阿弥陀仏」の名号《みょうごう》を称《とな》えさせて、浄土へ往生《おうじょう》させていくはたらきそのものです。仏法を聞くことも、お念仏を称えることもしなかった私を念仏の衆生に育て上げ、さとりの世界である浄土を真実と仰《あお》ぎながら生きる人生へと変革してくださったはたらきこそ、阿弥陀仏の「利他の力」でした。この阿弥陀仏の強大なはたらきを「他力」とよろこばれたのが、親鸞聖人であり、お念仏の先達《せんだつ》方だったのです。

5

どうして悪人が救われるのですか？

浄土真宗では、悪人こそが阿弥陀仏《あみだぶつ》の救いの対象であると説かれます。

善人なほもつて往生《おうじょう》をとぐ。いはんや悪人をや。

（『歎異抄《たんにしょう》』、『浄土真宗聖典　註釈版』八三三頁）

と仰《おお》せになったといわれる親鸞聖人《しんらんしょうにん》のお言葉は特に有名です。しかし善人ではなくて、なぜ悪人なのでしょうか。大切なことは、ここでいわれている善人や悪人が、一体どのような意味をもつ言葉なのかということです。

普段、私たちの善悪の基準となっているのは、法律的な善悪観や道徳的な善悪観ではないでしょうか。法律的な基準でいう悪とは、法律に触れるような行為をすることで、反対に法律に触れていない場合は善の立場となります。道徳的な基準では、たとえ法律を破っていなくても、道徳的には悪であったりすることもあるでしょう。また法律的・道徳的な善悪の基準は、時代や社会状況によっても影響されますし、変化するものだと考えられます。

一方で、法律的・道徳的な善悪観の他に、宗教的な善悪観があります。この善悪観は宗教によって勿論《もちろん》違いますし、時代や社会状況による影響がまったくないとはいえませんが、その根幹は時代をつらぬいて伝えられてきたものです。

＊　＊　＊

さて、仏教が説く善というのは、煩悩《ぼんのう》という自己中心的なあり方を離れていく清らかな行いのことをいいます。反対に悪というのは煩悩のあり方を深めていく、自己中心的な行いのことを意味していました。この自己中心的なあり方から、少しも抜け出すことができない者をこそ「悪人」といわれた時、悪人とは、他の誰でもない私自身に向けられた言葉として迫ってきます。自己中心的な想念に支配され、日々、愛憎《あいぞう》に振り回されながら生きているのが、まぎれもない私の姿だからです。それは縁に触れれば、世間の法律や道徳すらも破っていく私の姿でもありました。

煩悩という自分ではどうすることもできない重い病《やまい》を抱《かか》え、自他ともに傷つけあって、苦悩の淵《ふち》に沈みゆく者のために完成してくださったのが、阿弥陀仏の本願《ほんがん》の救いでした。私のいのちの痛みをともにしてくださり、生きる意味と方向性を与えようとはたらいてくださっている、「南無（まかせよ）阿弥陀仏（われに）」の仰せは、まさに悪人である私に焦点があてられ、そそがれていたものだったのです。

＊　　＊　　＊

如来の仰せによって、自身の煩悩の姿が知らされることは、決して後ろ向きな話ではありません。そこに注意すべきものは何か、仰《あお》ぐべき真実は何かという、これまでにはなかった新たな意識が私のなかに立ち上がってくるからです。自身の姿を開き直って生きていくのではなく、わが身を省《かえり》みながら、これからどんな歩みをしていくことができるのか、そのことを仏法という真実にたずねながら生きていきたいと思います。

6

阿弥陀仏のお浄土は、なぜ西の方角に説かれているのですか？

お経《きょう》には阿弥陀仏《あみだぶつ》の浄土は西の方角にあり、娑婆《しゃば》の世界から離れること、十万《じゅうまん》億《おく》の仏土《ぶつど》を過ぎたところにあると説かれています。

その時、仏《ぶつ》、長老舎利弗《ちょうろうしゃりほつ》に告げたまはく、「これより西方《さいほう》に、十万億の仏土を過ぎて世界あり、名づけて極楽といふ。

（『阿弥陀経《あみだきょう》』、『浄土真宗聖典 註釈版』一二一頁）

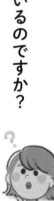

現代は科学的な考え方を中心に生きていますから、「西方」や「十万億」といわれたら、浄土を西の方角に探して、距離を測ろうとされるかもしれません。しかし、お経が語っている言葉は、科学的に証明できるかどうかを問題にしているものではありません。例えば「十万億」という言葉も、実際の距離を問題にしている話ではなく、仏さまのさとりの世界である浄土の領域は、迷いの世界の価値観や感覚を、はるかに飛びこえていることをあらわす言葉といただくことができます。

*　*　*

しかしなぜ、阿弥陀仏の浄土は西という方角に説かれているのでしょうか。このことについて、七高僧《しちこうそう》のお一人である道綽禅師《どうしゃくぜんじ》（五六二〜六四五）は、

閻浮提《えんぶだい》には、日の出《い》づる処《ところ》を生《しょう》と名づけ、没《もっ》する処を死と名づくといふをもって、死地《しじ》によるに神明《じんみょう》の趣入《しゅにゅう》その相助便《じょべん》なり。このゆゑに法蔵菩薩《ほうぞうぼさつ》願じて成《じょう》仏《ぶっ》し、西にありて衆生《しゅじょう》を悲接《ひしょう》したまふ。

（『安楽集《あんらくしゅう》』、『浄土真宗聖典 七祖篇 註釈版』二七〇頁）

といわれています。太陽が昇ってくる東の方角を「生処《しょうしょ》」といい、やがて静かに沈みゆく西の方角を「死処《ししょ》」というように、この命が終わった後の「生処」を想うには、「西」という方角が最も適しているといわれるのです。だからこそ、お念仏の先達《せんだつ》方は太陽の沈みゆく西の彼方《かなた》に、やがて生まれ往《ゆ》く「いのちの世界」を想いながら、西という方角を大切にされてきたのでした。西方にこの私が生まれ往く確かな世界があると聞かせていただく時、私たちは浄土の世界を、より親しみやすく感じることができます。だからこそ、法蔵菩薩は浄土を西方に建立《こんりゅう》され、大悲《だいひ》のはたらきをもって、一切衆生を浄土へ摂《おさ》めとるといわれるのです。

＊　　＊　　＊

確かに浄土の世界の本質は、相対的な分別《ふんべつ》や差別を完全に超えた、一如《いちにょ》とか無相《むそう》といわれる真実そのものの領域です。しかし一如や無相としての世界は、私たち凡《ぼん》夫《ぶ》にとって、到底認識できる領域ではありません。それに真実そのものの世界といわれましても、親しみにくく、宗教的な感情も湧《わ》き起こってこないのが現実ではないでしょうか。つねに心は散り乱れ、いのちの進むべき方向の定まらない者にとっては、方処《ほうしょ》を示してくださらなければ浄土を想うことも、心を向けることも不可能なことです。阿弥陀仏の浄土が、「西」という方角に説き示されているのは、そのような凡夫である私を、真実の世界である浄土へと導いてくださっている大切な教説だったのです。

7

「お浄土でまた会える」という話を聞きますが、本当にそんな世界があるのですか？

宗教と科学には、それぞれが大切にしている領域があります。科学が大切であることはいうまでもありませんが、科学では解決することのできない、複雑な「情」の世界に根ざし、日々、苦しみや悲しみを抱《かか》えて生きているのが、私たちの現実の姿でもあります。

この苦悩を抱えて泣き笑いする、凡情《ぼんじょう》を断ち切ることのできない私の想いのそのままに、お浄土への道を歩ませていただく教えが浄土の教説でした。

舎利弗《しゃりほつ》、衆生《しゅじょう》聞かんもの、まさに発願《ほつがん》してかの国に生ぜんと願ふべし。ゆゑはいかん。かくのごときの諸上善人《しょじょうぜんにん》とともに一処《いっしょ》に会《え》することを得《う》ればなり。

（『阿弥陀経《あみだきょう》』、『浄土真宗聖典　註釈版』一二四頁）

「倶会一処《くえいっしょ》」とは、必ず会うことのできる浄土の世界がましますことを告げてくださる、お経《きょう》の言葉です。まさに、愛別離苦《あいべつりく》の苦悩を抱える凡情へと響き込み、数多《あまた》の念仏者を支え続けてきた仏語《ぶつご》でした。

＊　＊　＊

本来、形や言葉を超えた浄土の世界は凡夫《ぼんぶ》に確認できる世界ではなく、科学的に証明することもできない真理の領域です。だからこそ浄土の教説は知的に分析していくのではなく、情的な想いのなかで味わわせていただく教えであるともいわれてきました。

別れたくない、まだつながっていたい、そんな想いを抱えて生きている私たちのために、阿弥陀《あみだ》さまは「倶会一処」のお浄土を建ててくださいました。阿弥陀さまに救われた者は、決して別なる処《ところ》へ往《ゆ》くのではありません。阿弥陀さまから同じ仏因《ぶついん》（信心）をいただき、同じ「倶会一処」の仏果《ぶっか》（浄土）へと参らせていただくのです。

真理の領域の、ほんの一欠片《ひとかけら》も分かりえない愚《おろ》かな凡夫に、「どうか私の国に生まれてきておくれ」と、大悲《だいひ》を込めて喚《よ》びかけてくださる本願《ほんがん》の仰《おお》せを聞きうけた時、私たちは無常《むじょう》であるこの娑婆《しゃば》世界よりも、もっと豊かで、確かな世界としてましまます浄土の存在を知らしめられていくのです。まさしく浄土の世界は私の力で知っていく世界ではなく、はからいなく受け入れた本願の仰せによって、知らされていく世界だといえましょう。

＊

＊

＊

かならずかならず一つところへまゐりあふべく候《そうろ》ふ。
（『親鸞聖人《しんらんしょうにん》御消息《ごしょうそく》』、『浄土真宗聖典 註釈版』七七〇頁）

と親鸞聖人がおっしゃったのも、そのような教説を、有《あ》り難《がた》いものとして受けとめておられたからに違いありません。

お浄土には親鸞聖人をはじめとするお念仏の先達《せんだつ》方、そして先立って往かれた懐《なつ》かしい方々が、私を待ってくださっています。私を待っていてくださる方がおられる、大切な方を感じることのできる、そんな温かな世界があるからこそ、私たちは一歩、また一歩と、この人生を前へ進めていく力が与えられていくのです。

8

世の中が大きな不安に覆われています。私たちはいま、仏法に何をたずねることができるでしょうか？

新型コロナウイルス感染症が世界中にひろがっています。生活や経済への影響にとどまらず、私たちの命そのものにまで深刻な影響を与えています。

思えば先行きの見えない、命の危険を感じながらの営みは、先達《せんだつ》方がこれまで幾度となく経験されてきたことでした。浄土真宗の宗祖《しゅうそ》・親鸞聖人《しんらんしょうにん》の晩年の生活は、まさにそのような状況にあったことが、お手紙に記されています。

なによりも、去年《こぞ》・今年、老少男女《ろうしょうなんにょ》おほくのひとびとの、死にあひて候《そうろ》ふらんことこそ、あはれに候へ。ただし生死無常《しょうじむじょう》のことわり、くはしく如来《にょらい》の説きおかせおはしまして候ふうへは、おどろきおぼしめすべからず候ふ。

（『親鸞聖人御消息《しんらんしょうにんごしょうそく》』、『浄土真宗聖典 註釈版』七七一頁）

このお手紙は文応元《ぶんおう》（一二六〇）年十一月十三日付けで、常陸《ひたち》の乗信房《じょうしんぼう》へ出されたお手紙です。日付の分かっている聖人の最後のお手紙として知られています。聖人が八十八歳の冬に書かれたお手紙ですが、そこには厳しい言葉で私たちの命の事実について記されています。

この世に生を受けた瞬間から、私たちは死すべき命と定められている存在です。しかもその死は、いつどのようなかたちで訪れるか知れないことを、すでに釈尊《しゃくそん》は「生死無常のことわり」としてお説きになられました。

だからこそ、「死なない者が死んだのではない。死すべき者が命を終えていったのであるから、それは決して驚くべきことではない」と、聖人はまことに厳しい言葉でおっしゃっていかれたのです。

実は、このお手紙を書かれた文応元年の前年は正元《しょうげん》元年で、わずか一年で元号が変わっています。そして文応元年の翌年は弘長《こうちょう》元年に改元されています。この時期、日本各地で天変地異《てんぺんちい》が起こっていたからです。そのせいで全国的な大飢饉《だいきき ん》と疫病《えきびょう》が蔓延《まんえん》し、老若男女《ろうにゃくなんにょ》、無数の方々が命を落としていかれる悲惨な状況にありました。そのような状況を眼前にしながら、最晩年の聖人が、渾身《こんしん》の想いを込めて書かれたのが先のお手紙だったのです。

＊　＊　＊

ややもすると、生きていることを当たり前と思い、命を終えていくことを驚きと受けとめている自分がいます。しかし普段忘れがちになっていますが、本当に驚くべきことは、いつどうなってもおかしくない私が、いまここに生かされている事実でした。

だからこそ私たちは、自らの命の事実を仏法にたずね、確認させていただくのでしょう。そして「後生《ごしょう》の一大事」といわれる私のいのちの往《ゆ》き先を、「南無（まかせよ）阿弥陀仏（われに）」の仰《おお》せのなかに聞きうけていくのです。

変化してやまない無常の境界《きょうがい》に生きる私、確かなものなど何一つ持ち合わせていない私だからこそ、確かな仰せが届けられています。新型コロナウイルス感染症の一刻も早い収束を願いつつ、いまここに届けられている「南無阿弥陀仏」の仰せを、あらためてわが身に聞かせていただきたいと思います。

仏事（お勤め）篇

9

亡くなった人のために念仏を称えることは、浄土真宗では好ましくないと聞きましたがどうしてですか？

『歎異抄《たんにしょう》』第五条に、「親鸞《しんらん》は父母《ぶも》の孝養《きょうよう》のためとて、一返《いっぺん》にても念仏申したること、いまだ候《そうら》はず」といわれた有名なお言葉が出てきます。ここでの「孝養」は、「亡き親のために、ねんごろに弔《とむら》うこと」、つまり追善供養《ついぜんくよう》を意味する言葉として用いられていました。したがって追善供養といわれた時、それは故人とゆかりのある者が善事を実践し、亡き人を苦悩から救っていく内容として理解されていたのです。しかし親鸞聖人は念仏を用い、亡き父母や有縁《うえん》の方々を救おうとする、いわゆる追善供養の念仏のあり方を、はっきりと拒否していかれたお方でした。

しかしなぜ、浄土真宗では追善供養の手段として、念仏を用いることを良しとしないのでしょうか。そこには様々な受けとめ方ができるかもしれませんが、本項では以下の二つの理由から考えてみたい思います。

＊　＊　＊

一つ目は、「一切衆生《いっさいしゅじょう》を救うという行為の不可能性」です。私は自分自身の力で有縁の方々、あらゆる人々を救っていく能力を持ち合わせてはいません。もっといいますと、人を救うどころか自分自身すら救うことができずにもてあましている、愚《おろ》かで無力な存在です。自分一人すらどうすることもできない現実のなかで、他人のしあわせを実現することは、悲しいことですが不可能といわねばなりません。しかしそんな私自身や、すべての衆生に阿弥陀仏《あみだぶつ》の本願《ほんがん》の救いのはたらきが届けられているると聞くならば、ともに如来《にょらい》の救いにおまかせするべきでありましょう。

経典《きょうてん》を読誦《どくじゅ》し、お念仏を称《とな》えることは、決してその功徳《くどく》を亡き方に施《ほどこ》すことを意味しません。反対に経典を読誦することは、私をお救いくださる阿弥陀仏のお慈《じ》悲《ひ》のお心を、釈尊《しゃくそん》の説かれた経典を通してお聞かせにあずかっていることなのです。そしてお念仏を称えることは、すべての者に「南無（まかせよ）阿弥陀仏（われに）」という無上の功徳を恵み与えてお救いくださる如来のましますことを、聞かせていただいていることに他ならなかったのです。

＊　　＊　　＊

二つ目は、「浄土真宗のお念仏は如来よりたまわったもの」だからです。

「回向《えこう》」は本願の名号《みょうごう》をもつて十方の衆生にあたへたまふ御《み》のりなり。
（『一念多念文意《いちねんたねんもんい》』、『浄土真宗聖典　註釈版』六七八頁）

浄土真宗のお念仏は自らをたのみ、功徳を積み重ねていく自力の念仏ではありません。それは仏と成るために、相応《ふさわ》しい善を何一つ行《ぎょう》じることのできない愚かな凡《ぼん》夫《ぶ》を救いとげていくために、阿弥陀仏自らがそのお徳のすべてを「南無阿弥陀仏」

の名号に込めて恵み与えてくださっている、如来よりたまわったお念仏でした。したがって「南無阿弥陀仏」という如来よりいただいたお念仏は、自分の都合で勝手に利用できるものではなかったのです。

しかし、そうであれば浄土真宗の仏事は、私と亡き方にとってまったく関係のないものになるのでしょうか。決してそうではありません。浄土真宗の仏事はまた、浄土に先立って往《ゆ》かれた方々からこの私が導かれ、仏縁《ぶつえん》を恵まれていく極めて大きな意味をもつものとなります。ですから浄土真宗ではこれまでの長い歴史のなか、様々な仏事を大切に相続してきたのでした。そのあたりの内容を、次項であらためて紹介させていただきたいと思います。

10

浄土真宗の仏事はどのような意味があるのですか？

一般的に仏事は故人に対する追善《ついぜん》供養《くよう》、つまり故人とゆかりのある者が善事を実践し、亡き人を苦悩から救っていく営みとして理解されることが少なくありません。しかし、前項でも申し上げましたように、浄土真宗の仏事は、故人に対する追善供養の営みではありませんでした。

親鸞聖人《しんらんしょうにん》はご在世中、法然聖人《ほうねんしょうにん》（一一三三～一二一二）の仏事を大切に勤めておられました。本願寺第三代・覚如上人《かくにょしょうにん》（一二七〇～一三五一）の書かれた法然聖人の伝記である『拾遺《しゅうい》古徳伝絵詞《ことくでんえのことば》』には、月々四日四夜礼讃念仏《らいさんねんぶつ》とりをこなはれけり。これしかしながら、先師報恩謝徳《ほうおんしゃとく》のためなりと云々《うんうん》。

（『浄土真宗聖典全書』巻四・二二二頁）

と記されています。これは親鸞聖人が京都に戻られてからの晩年、毎月二十五日の法然聖人のご命日に、四日四夜の礼讃念仏をなされていたとの記述ですが、この仏事の目的は、「先師報恩謝徳のため」でした。法然聖人に対する追善供養の仏事ではなく、法然聖人のご恩徳《おんどく》を讃《たた》え、感謝しながらお念仏のご縁をいただく、「報恩謝徳」の仏事であったことが分かります。

これは法然聖人の仏事だけではなく、親鸞聖人の仏事に関しても同様でした。同じく覚如上人の著された『御伝鈔《ごでんしょう》』や『口伝鈔《くでんしょう》』には、遺弟《ゆいてい》や有縁《うえん》の方々がなされていた親鸞聖人の仏事も、ご報謝の心で勤められていたことが記されています。

＊　＊　＊

しかしなぜ、浄土真宗の仏事は追善供養ではなく、報恩謝徳の営みであるといわれるのでしょうか。それは「いま、ここでの救い」を説くのが浄土真宗の教えだからです。

念仏の衆生《しゅじょう》は横超《おうちょう》の金剛心《こんごうしん》を窮《きわ》むるがゆゑに、臨終一念《りんじゅういちねん》の夕《ゆうべ》、大般涅槃《だいはつねはん》を超証《ちょうしょう》す。（『教行証文類《きょうぎょうしょうもんるい》』、『浄土真宗聖典 註釈版』二六四頁）

と親鸞聖人がおっしゃるように、念仏者はいまここで如来《にょらい》から信心（金剛心）をたまわり、命終わったその時に、必ずお浄土へ往生《おうじょう》して仏と成らせていただきます。ですから浄土真宗の仏事は、お浄土へ先立って往《ゆ》かれた方々に対し、どこかで迷い苦しんでいるのではないかと心配して勤める、追善供養の営みではなかったのです。むしろ反対に、煩悩《ぼんのう》を抱《かか》えて苦悩の人生を生きる私こそが、仏さまと成られた亡き方々に案じられ、導かれていることに気づかされます。

＊　＊　＊

阿弥陀さまのお慈悲《じひ》に抱《いだ》かれ、お浄土の仏さまと成られた方は、さまざまなご縁を通して、遺《のこ》された私たちを仏法へ導き入れるためにはたらき続けておられます。浄土真宗の仏事は、仏法へと導いてくださる故人を偲《しの》びながら、亡き方も私もともにお救いくださる阿弥陀さまのお慈悲を聞かせていただく、大切なご報謝の集《つど》いであり、営みなのです。

11

どうして浄土真宗では『般若心経』を用いないのですか？

仏教で有名なお経《きょう》といえば、『般若心経《はんにゃしんぎょう》』とおっしゃる方が多いのではないでしょうか。『般若心経』は二六〇余文字の短い経典《きょうてん》ですが、そのコンパクトな分量もあいまって、日本では多くの方々が読経《どっきょう》や写経に用いてきました。

ところで釈尊《しゃくそん》の説かれた教えは、釈尊滅後、数多くの経典にまとめられ、時代や国を超えて伝承されてきました。しかし数ある経典のなかで、一体どの経典が真実の教えであり、依《よ》りどころとすべき経典なのでしょうか。この問題は仏教徒にとって、とても大切な問題です。私たちは経典に説かれた教えを依りどころにしながら仏道《ぶつどう》を歩んでいくわけですから、何を真実の教えと仰《あお》いで生きていくのかという問題は、自らの人生に関わる問題でもあったからです。

＊　＊　＊

仏教の各宗派では、依りどころとする経典が異なっています。各宗派で開祖と呼ばれる方は、数ある経典のなかから自らの成仏道《じょうぶつどう》があかされた経典を示され、歩むべき道を説かれています。天台宗《てんだいしゅう》を開かれた天台大師智顗《てんだいだいしちぎ》（五三八～五九七）は『法華経《ほけきょう》』、華厳宗《けごんしゅう》の教えを大成された賢首大師法蔵《げんじゅだいしほうぞう》（六四三～七一二）は『華厳経《けごんぎょう》』、真言宗《しんごんしゅう》を開かれた弘法大師空海《こうぼうだいしくうかい》（七七四～八三五）は『大日経《だいにちきょう》』や『金剛頂経《こんごうちょうきょう》』といった経典に説かれた教えを依りどころにされながら、自らの仏道を歩まれたのです。

親鸞聖人《しんらんしょうにん》は、

それ真実の教《きょう》を顕《あらわ》さば、すなはち『大無量寿経《だいむりょうじゅきょう》』これなり。

（『教行証文類《きょうぎょうしょうもんるい》』、『浄土真宗聖典 註釈版』一三五頁）

と示され、阿弥陀仏《あみだぶつ》の本願《ほんがん》の救いが説かれた『無量寿経』を「真実の教」と仰がれました。阿弥陀仏の本願の救いによって浄土へ往生《おうじょう》し、仏と成らせていただくという仏道を歩まれたのです。

＊　＊　＊

さて、『般若心経』にはわずか二六〇余文字の教説を通して、深遠な「空《くう》」のさとりがあかされています。「般若波羅蜜《はんにゃはらみつ》」、つまり智慧《ちえ》（般若）の完成（波羅蜜）をこの身の上に実現することが説かれているのです。智慧の完成とは自己中心的な自我の殻《から》を打ち破り、一切の対立を超えてあらゆるいのちが響きあい、溶けあっている豊かな「いのちの領域」をはっきりと確認することですが、日々、煩悩《ぼんのう》をたぎらせ、世俗に埋没《まいぼつ》して生きる凡夫《ぼんぶ》には及びもつかない領域です。また『般若心経』は、読経したり写経することによって、功徳《くどく》を積むことができる経典ともいわれますが、そう簡単に功徳を積むことができないのが私たち凡夫の現実です。

『般若心経』は智慧の完成を目指すことが説かれた尊い経典です。しかし自らの力で智慧を完成することも、功徳を積むこともできない私のために説かれた教えが、「南無阿弥陀仏」という真実の功徳を恵まれ、浄土で智慧の眼《まなこ》を開かせてくださるという『無量寿経』に説かれた本願の救いでした。ですから浄土真宗では『般若心経』を用いずに、『無量寿経』を「真実の教」と仰ぎ、さらに広げていえば「浄土三部経《じょうどさんぶきょう》」(『無量寿経』・『観無量寿経《かんむりょうじゅきょう》』・『阿弥陀経《あみだきょう》』)を所依《しょえ》の経典として用いているのです。

12

日々のお勤めに用いている「正信偈」について教えてください。

「正信念仏偈《しょうしんねんぶつげ》」（以下、「正信偈《しょうしんげ》」）は、親鸞聖人《しんらんしょうにん》の主著であり、浄土真宗の根本聖典といわれる『顕浄土真実教行証文類《けんじょうどしんじつきょうぎょうしょうもんるい》』（以下、『教行証文類』）におさめられている讃歌《さんか》です。讃歌とは詩《うた》の形式を通して、仏さまや祖師方の徳（素晴らしさ）を讃《たた》えられたものです。稀代《きだい》の宗教者であり、豊かな詩才を備えられた親鸞聖人は、九十年にわたるご生涯のうちに多くの讃歌をつくられています。そのなかには漢詩の形式でつくられた漢讃《かんさん》や、分かりやすく、やわらかい和語《わご》でつくられた和讃《わさん》などがありました。

「正信偈」は言葉の数を七言に整えてつくられた一二〇句の漢讃で、そこには深遠な浄土真宗の教えが凝縮されてあらわされています。本願寺第八代・蓮如上人《れんにょしょうにん》が、

そもそも、この「正信偈」といふは、句のかず百二十、行のかず六十なり。これは三朝高祖《さんちょうこうそ》の解釈《げしゃく》によりて、ほぼ一宗大綱《いっしゅうたいこう》の要義《ようぎ》をのべましましけり。
（『正信偈大意』、『浄土真宗聖典　註釈版』一〇二二頁）

といわれたのはその故《ゆえ》です。

ちなみに朝夕仏前に座り、「正信偈」をお勤めする現在の習わしは、蓮如上人が文明《ぶんめい》五（一四七三）年三月に、浄土真宗の教えをよろこぶ者は僧侶も在家《ざいけ》も問わず、ともにお勤めができるようにと『教行証文類』のなかから「正信偈」を抜き出し、さらに「和讃」をつけてお勤めする形式を制定して、開版《かいはん》されたことに始まります。

「正信偈」の内容は、親鸞聖人が大切にされた「浄土三部経《じょうどさんぶきょう》」（『無量寿経《むりょうじゅきょう》』・『観《かん》無量寿経《むりょうじゅきょう》』・『阿弥陀経《あみだきょう》』）のなかでも、特に『無量寿経』に説かれた阿弥陀仏《あみだぶつ》の本《ほん》願《がん》のこころと、そのこころをインドの龍樹菩薩《りゅうじゅぼさつ》・天親菩薩《てんじんぼさつ》、中国の曇鸞大師《どんらんだいし》・道《どう》綽禅師《しゃくぜんじ》・善導大師《ぜんどうだいし》、そして日本の源信和尚《げんしんかしょう》・法然聖人《ほうねんしょうにん》という三国にわたって伝承してくださった七人の高僧方（七高僧《しちこうそう》）の教えが、漢詩の形式で讃えられています。

こうして釈尊《しゃくそん》の説かれた『無量寿経』と、七高僧が説き示してくださった教えによって、いまここに阿弥陀仏の本願のこころを聞き、お念仏申す身にしていただいた、はかりしれない仏恩《ぶっとん》の深きことをよろこびつつ、有縁《うえん》の人々に阿弥陀仏の本願のこころを伝えていくために、聖人は「正信偈」をつくられたのでした。

＊　＊　＊

＊　＊　＊

浄土真宗の教えを、一二〇句の詩の形で短く要約してまとめられているのが「正信偈」ですが、そこに記されている一字一句はギリギリまで研《と》ぎ澄まされ、これ以上は表現のしようがないというほどに、こだわり抜かれた親鸞聖人の言葉です。現に聖人の真筆本《しんぴつぼん》である『教行証文類』（真宗大谷派蔵・坂東本《ばんどうぼん》）の「正信偈」を拝見しますと、聖人が後半生のなかで幾度も加筆され、推敲《すいこう》された筆の跡を確認することができます。まさに親鸞聖人が渾身《こんしん》の想いを込めて綴《つづ》られた浄土真宗の讃歌、それが「正信偈」なのです。

＊ 著者紹介 ＊

赤井 智顕（あかい ともあき）

1980年兵庫県生まれ。
京都女子大学非常勤講師、相愛大学非常勤講師、本願寺派総合研究所研究員、NHK文化センター講師、浄土真宗本願寺派善教寺副住職。

著書に、『拝読 浄土真宗のみ教え〈布教読本〉』（共著／本願寺出版社）、『智慧のともしび－顕証寺本 蓮如上人絵ものがたり－』（共著／法蔵館）、『存覚教学の研究』（共著／永田文昌堂）など。

なぜ？ どうして？
浄土真宗の教学相談

2022年11月5日 第1刷発行

著 者 赤 井 智 顕
発行者 鹿 苑 誓 史
発行所 合同会社 自照社
〒520-0112 滋賀県大津市日吉台4-3-7
tel：077-507-8209 fax：077-507-9926
hp：https://jishosha.shop-pro.jp
印 刷 亜細亜印刷株式会社

ISBN978-4-910494-15-9

自照社の本

自照社の本

帰京後の親鸞⑥
七十六歳の親鸞
『浄土和讃』と『高僧和讃』
今井雅晴

聖人が初めて、文字の読めない、仏教学的素養のない人たちを念頭に筆を執った2冊に込められた思いとは。

Ｂ６・100頁
1000円＋税

鎌倉時代の和歌に託した心
西行・後白河法皇・静御前・藤原定家・後鳥羽上皇・源実朝・宗尊親王・親鸞
今井雅晴

鎌倉時代、その歴史に刻まれた行動の背景にはどのような思いがあったのか。残された和歌から、その心の深層を読み解く。

Ｂ６・192頁
1800円＋税

鎌倉時代の和歌に託した心・続
建礼門院・源頼朝・九条兼実・鴨長明・後鳥羽院
宮内卿・宇都宮頼綱・北条泰時・西園寺公経
今井雅晴

シリーズ続篇。幼くして壇ノ浦に沈んだ安徳天皇の母・建礼門院や、法然門下の武将・宇都宮頼綱ら８人の〝思い〟に迫る。

Ｂ６・168頁
1800円＋税

他力の五七五
「正信偈」・和讃・『歎異抄』に聞く
橋本半風子

煩悩を抱えたまま、お念仏ひとつで救われるという他力の味わいを、親鸞聖人のお言葉に聞きながら俳句とエッセイに詠む。

四六・232頁
2400円＋税

一縁会テレフォン法話集
阿弥陀さまの〝おはからい〟
一縁会 編

生かされ、はからわれて生きていることへの〈気づき〉と〈よろこび〉を日常のできごとからやさしく語るひと口法話30篇。

Ｂ６・112頁
800円＋税